Georges d'Avenel

La Bourse

Mécanismes de la Vie moderne

 Le code de la propriété intellectuelle du 1er juillet 1992 interdit en effet expressément la photocopie à usage collectif sans autorisation des ayants droit. Or, cette pratique s'est généralisée dans les établissements d'enseignement supérieur, provoquant une baisse brutale des achats de livres et de revues, au point que la possibilité même pour les auteurs de créer des œuvres nouvelles et de les faire éditer correctement est aujourd'hui menacée. En application de la loi du 11 mars 1957, il est interdit de reproduire intégralement ou partiellement le présent ouvrage, sur quelque support que ce soit, sans autorisation de l'Éditeur ou du Centre Français d'Exploitation du Droit de Copie , 20, rue Grands Augustins, 75006 Paris.

ISBN : 978-1979678629

10 9 8 7 6 5 4 3 2 1

Georges d'Avenel

La Bourse

Mécanismes de la Vie moderne

Table de Matières

Introduction	6
Section I	6
Section II	12
Section III	17
Section IV	22
Section V	29

Introduction

Du Pont-au-Change où elle naquit, au pied des tours du Châtelet, jusqu'à la colonnade de la rue Vivienne, la Bourse n'a pas fait beaucoup de chemin dans Paris. Les boursiers en ont fait davantage dans l'opinion, depuis le temps lointain où les hommes d'épée rançonnaient les hommes d'argent, jusqu'au temps actuel où les hommes d'argent gouvernent les hommes d'épée.

Cependant, depuis les « changeurs » de Philippe le Bel jusqu'aux collègues de M. Berteaux, la Bourse continue de s'ouvrir à midi, heure choisie naguère par les financiers comme étant celle de la levée d'audience des magistrats de la Cour, à qui ils avaient affaire. Et quoique les rapports de la spéculation avec le Palais de justice soient rares et d'ailleurs peu souhaités ; quoique depuis deux cents ans et plus, les « courtiers de change » aient quitté la place Dauphine, bâtie à leur intention par Henri IV, — « la plus belle et la plus utile de Paris, » disait un contemporain, — pour émigrer d'abord à l'hôtel de Soissons, rue Quincampoix, puis à l'hôtel de Nevers, la Bibliothèque nationale de maintenant, c'est toujours à midi que les officiers ministériels de 1905 entrent à la corbeille ; exactement à l'heure où montaient à l' « estrade » foraine leurs devanciers du XVIe siècle. Sauf ce détail, les uns et les autres ne se ressemblent guère. Même le vieux nom qui désigne nos « agents » ne s'applique nullement à leur emploi, puisqu'ils ne font plus le « change, » ni des effets, ni surtout des espèces, et qu'au contraire le caractère de notre Bourse est d'être vide… d'or ou d'argent.

Section I

Ce que l'on y vend, ce sont les dettes des nations et les richesses des particuliers, incorporées au sol ou au sous-sol, transformées en outils multiples d'industrie, de commerce ou de banque ; mais toutes détaillées en une monnaie spéciale : celle des « titres » nominatifs ou au porteur, tantôt « actions » associées aux risques, tantôt « obligations » ou créances déterminées. Par ces valeurs, improprement appelées « mobilières, » — bien qu'elles ne le soient pas davantage que les papiers conférant la propriété d'une maison ou d'une forêt, — mais dont le mérite est d'être *mobilisées* par le morcellement et l'enchère quotidienne, tout Français économe peut devenir possesseur d'un millième d'usine, d'un cinq cent millième de chemin de fer, comme tout Français majeur devient détenteur d'un dix-millionième de la souveraineté nationale.

Avant nous et plus que nous, l'ancien régime avait mobilisé la terre par ses innombrables et minuscules « rentes foncières » de quelques francs ; et même, par ses « rentes constituées » qui mettaient le débiteur en actions, il avait mobilisé le crédit des personnes. Mais la supériorité des valeurs modernes, et ce qui les rend plus vraiment mobiles qu'un de ces « meubles, » tels qu'une armoire ou un fauteuil, auxquels la loi les assimile, c'est l'existence d'une halle publique où il est loisible à tous, chaque jour, de les acheter comme une livre de beurre ou une douzaine d'œufs.

Aussi bien ce marché ne chôme-t-il pas, puisque, dans le cours d'une seule année, les opérations de Bourse s'élèvent — l'impôt qui les frappe nous en révèle le chiffre — à 233 milliards de francs, dont 46 sur les rentes françaises et 187 sur l'ensemble des autres valeurs. Un total aussi formidable dépasse de beaucoup le montant de notre fortune mobilière, que l'on croirait ainsi vouée à un mouvement perpétuel et à trois ou quatre chargements de maîtres, en l'espace de douze mois ; si l'on ne savait qu'*un vingtième* seulement des ventes et achats, représentés par ces 233 milliards, s'effectue au comptant. Presque tout le reste, spéculation « à terme, » consiste en simples engagements qui se « liquident, » se résolvent en opérations inverses, au courant du mois ou de la quinzaine, ou se prorogent — se « reportent » — au mois suivant à l'aide d'un léger emprunt de capitaux.

La France monarchique possédait différents types, aujourd'hui disparus, de valeurs mobilières ; seulement elles ne se négociaient pas à la Bourse. La « cote » de 1789 se compose de quelques lignes : actions de la Caisse d'escompte, des Compagnies des Indes et des Eaux ; billets de deux loteries royales et titres de trois emprunts récents du Trésor ; c'était tout. En 1819, la nomenclature officielle ne s'était guère allongée : seules y figuraient la rente française, 5 pour 100, nouvelle ou consolidée, la Banque de France ; et des obligations de ponts à péage. Durant les trente années qui suivirent, malgré les créations viables du règne de Louis-Philippe, malgré l'agiotage aussi, où les financiers aigrefins de Balzac « se gavaient d'or » grâce à force compagnies rivales des « Bitumes du Maroc » de *Jérôme Paturot*, la cote de 1852 ne contenait encore que 126 valeurs. Leur nombre s'était élevé à 380 en 1869. Il est de 800 aujourd'hui, pour les effets admis à la négociation par le ministère des agents de change parisiens. Si l'on y joint les actions et obligations traitées uniquement « en coulisse, » et celles qui sont réservées aux bourses de province, on arrive aisément au total de 1 100 titres en vente sur le marché français.

La place qu'ils occupent dans la fortune privée n'a cessé de croître suivant une progression analogue : ils figuraient dans les successions de 1851 pour 86 millions de francs et, dans celles de 1870, pour 175 millions. Ils étaient montés à 827 millions en 1880, à 1 360 millions en 1890 et atteignaient, en 1900, deux milliards 81 millions.

Veut-on connaître le montant actuel, en capital, de la fortune mobilière française ? Il faut ajouter, aux 26 milliards de la rente nationale, les 58 milliards, auxquels correspond l'impôt de 4 pour 100 prélevé sur le revenu soumis au fisc, et 20 milliards environ de fonds d'État et titres étrangers possédés, en France, par nos concitoyens ; soit une somme de 104 milliards. Quelque invraisemblables qu'eussent paru à nos pères ces 104 milliards de créances et de propriétés, émiettées sur papiers à vignettes, qui, juxtaposés, formeraient un ruban assez long pour faire le tour du monde, les valeurs mobilières sont loin d'avoir acquis chez nous l'importance qu'elles ont sur le marché anglais, où il s'en négocie près du double.

En France d'ailleurs, elles ne représentent pas le tiers de la richesse globale des citoyens. Si l'on en faisait l'inventaire, il y faudrait joindre la propriété foncière : 90 milliards pour les terres, 55 milliards pour les maisons ; les hypothèques, le capital d'exploitation du sol (matériel agricole et animaux de ferme), les meubles, objets d'art et métaux précieux ; les charges et offices ministériels ; enfin les fonds de commerce et l'outillage de la petite industrie tout entière, et des grands établissements industriels qui ne sont pas organisés en sociétés anonymes.

Personne ne possède à lui seul un chemin de fer ; mais, si l'on voit à la cote : des compagnies de transports maritimes, fluviaux ou terrestres, des hôtels, des journaux, des docks, des magasins de nouveautés, des manufactures de fer, de gaz, de sucre, de papier, de bière, etc., il existe en outre, parmi les 210 000 patentés de l'industrie et du haut négoce, sans parler des 1 500 000 commerçants ordinaires, un très grand nombre d'armateurs, de filateurs, de maîtres de forges, de brasseurs, de fabricants et d'usiniers de toute sorte. L'ensemble de tous ces *biens personnels*, meubles ou immeubles, urbains ou ruraux, productifs ou non de revenus, peut être évalué à 230 milliards environ, beaucoup plus du double des 100 milliards de *biens collectifs*, que représentent les valeurs mobilières.

Mais, seules, ces valeurs sont à la fois tangibles comme les maisons, liquides comme les espèces, et négociables à cours certains sur un marché toujours ouvert. Aussi se sont-elles merveilleusement répandues depuis trente-cinq ans parmi les classes moyennes et populaires. Ce genre de fortune, naguère apanage du petit nombre, appartient maintenant à la foule. Au lieu d'un rentier, il y en a 400, 200 peut-être. Le plus gros actionnaire des chemins de fer français possède 30 000 titres d'une compagnie dont le capital est divisé en 525 000 actions ; sa volonté pèserait de peu de poids, opposée à celle des petits détenteurs de titres, s'il entrait en conflit avec eux. De là cette conséquence naturelle que seul désormais le grand nombre compte et que c'est sur lui et avec lui qu'il faut compter. Il était de tout temps avéré que les spéculateurs, quelque riches qu'ils soient, l'étant toujours moins que « tout le monde, » leurs opérations n'avaient jamais que des effets passagers. Cependant, comme les grandes affaires étaient lancées et soutenues par peu de personnes, la légende voulait qu'il existât, dans le ciel de la Bourse, des dieux mystérieux, « meneurs » du marché, disant un mot : « Que la baisse soit ! » et les cours s'effondraient, ou : « Que la hausse commence ! » et la cote allègrement s'enlevait. Supposez que ces dieux se querellassent, comme ceux d'Homère ; que l'un d'eux attaquât, invisible, une de ces valeurs dont il avait juré la perte, tandis qu'un autre personnage d'Empyrée, banquier surhumain autant que son collègue, protégeait ces mêmes titres et les poussait avec rage ; tel est le cadre qu'un de nos romanciers contemporains avait choisi pour y loger une peinture dramatique du monde de l'

« Argent. » Scrupuleux d'exactitude, il avait soumis son plan à un financier dont l'avis lui était précieux. L'entretien se prolongea de neuf heures du soir à une heure du matin. L'homme de chiffres démontra à l'homme d'imagination, clairement et avec preuves, que les choses ne se passaient pas dans la réalité selon qu'il allait les décrire dans son livre. Ce dernier partit, convaincu de son erreur, mais déterminé à ne rien changer à son scénario ; « car alors, dit-il en souriant, il n'y aurait plus de roman. »

Cette démocratie capitaliste n'est pas facile à manier. Même aux influences de la société de crédit, ce géant aux cinq cents bras, elle échappe : d'abord, parce qu'elle est trop vaste, puis parce que cette armée des placeurs d'épargne a des sympathies et des aversions irréductibles. Lorsqu'une affaire lui plaît et tant qu'elle y croit, bien fin serait celui qui l'en détournerait et l'en dégoûterait. Les sages y perdraient leur peine et les plus opulents, à lutter contre cette masse, y perdraient leur dernier sou. Un autre caractère de la Bourse moderne est le cosmopolitisme, la répercussion des marchés les uns sur les autres il y a des fonds internationaux comme il y a des trains internationaux. L'Angleterre possède un dixième des obligations françaises ; les emprunts autrichiens et Scandinaves sont en partie aux mains des Allemands et la France eut longtemps en pension des liasses imposantes de rente italienne. Les pays jeunes sont débiteurs des vieux pays ; les pays riches sont créanciers des pays pauvres. Les nations actuelles sont unies par des intérêts d'argent plus que par autre chose et le globe est comme ceinturé d'un cercle d'or.

Une restriction violente des crédits à Paris et à Berlin vint, en 1895, du « boycottage, » à Londres, de la signature des grands établissements français et allemands, subitement mise à l'index par les banquiers anglais. Une valeur de cuivre qui n'est pas cotée à Paris et dont le siège est en Amérique — l'*Amalgamated* — est-elle attaquée à la Bourse de New-York, aussitôt le Rio-Tinto, mine de cuivre qui n'est pas cotée à New-York et dont le siège est en Espagne, baisse de 100 francs à Paris.

Le marché des Etats-Unis éprouva l'effet d'une répercussion contraire au commencement de 1903. La place de Paris avait prêté à des banques et sociétés allemandes de premier ordre des sommes très importantes ; une de nos grandes maisons de crédit et deux puissants financiers étaient, à eux trois, créanciers de 730 millions de francs, desquels ils touchaient 5 pour 100 d'intérêt. Les Allemands prêtaient à leur tour ces fonds, partie à leur industrie nationale, partie aux Etats-Unis où ils remplaçaient l'argent anglais, que la guerre du Transvaal faisait refluer en Europe. A la fin de 1902 les prêteurs français, inquiets de la crise industrielle qui sévissait au-delà du Rhin, retirèrent brusquement leurs fonds d'Allemagne et celle-ci, réagissant sur l'Amérique, retira les siens de New-York et y détermina une panique et une gêne de plusieurs mois.

Si la France n'est pas le pays le plus riche du monde, c'est celui de tous où le vieux refrain d'opéra :

L'or est, une chimère,

Sachons nous en servir...

est le mieux en situation. Un emprunt d'un milliard est aujourd'hui, chez nous, l'équivalent d'un emprunt de 100 millions, il y a cinquante ans. Ne nous en félicitons pas trop. L'Angleterre et l'Allemagne ont moins d'économies mais plus de production. Lequel vaut mieux d'avoir, comme les Américains, toujours plus d'affaires que d'argent, ou comme les Français, plus d'argent que d'affaires ? De quel côté est la supériorité ? Un peuple économe n'est pas un peuple risqueur : l'Américain, l'Anglais, dont les salaires sont plus hauts que les nôtres, vivent mieux et dépensent plus. Le Français préfère épargner : que la récolte soit bonne ou mauvaise, que l'usine et l'atelier soient ou non prospères, il « met de côté » près de deux milliards par an. Il ne s'attache plus à acheter un champ, à moins de pouvoir le cultiver par ses mains ; il va vers la fortune mobilière.

Mais il a vite manqué de placements chez, lui, parce que l'étendue restreinte de son pays ne lui fournissait pas une matière indéfinie aux affaires, et parce que l'indigence de son sous-sol, son manque de houille et de fer, n'étaient pas propices au développement de la grosse industrie. Casanier pour son compte personnel, il se voit contraint d'expatrier ses capitaux afin d'en tirer parti.

C'est une seconde armée nationale que l'armée des capitaux français. Un gouvernement moins exclusivement préoccupé des choses surnaturelles et de l'âme des citoyens, mais plus avisé et attentif aux intérêts temporels de notre république, pourrait se

Section I

servir intelligemment de la puissance d'économie de la France. Il pourrait, dans ses rapports avec l'étranger, peser sur la politique douanière de nos clients, proches ou lointains, imposer ou favoriser l'usage de nos outils et de nos marchandises.

Section II

Vue du petit-côté, sous l'angle de l'« échellier, » du remisier, du « margoulin, » brocanteur de valeurs mortes, ou du vendeur de « primes dont deux sous, » la Bourse est une halle bruyante, grouillante, pittoresque, où des gogos agités s'épuisent à nourrir des intermédiaires prudents. Massif et tassé, sans élan de clocher, de dôme ni de tour, ce monument d'un culte ancien, toujours sincèrement pratiqué, couvre 3 500 mètres de terrain qui rapportent à lu ville de Paris quelque 250 000 francs par an, payés partie par les agents de change, partie par les buffets, vestiaires et autres services annexes.

Point de femmes ; 2 ou 3 000 hommes y viennent chaque jour. Beaucoup entrent et sortent en courant, dans toutes les directions, avec l'air d'aller chercher du secours. Du fond de la salle partent des cris de sauvages autour du butin. Une foule compacte, houleuse, se presse contre la balustrade circulaire où, sur un plancher un peu éminent, stationnent et déambulent sans hâte les titulaires des charges, qui seuls ont privilège de piétiner le « parquet. » Adossés à cette « corbeille » leurs commis des groupes du Comptant, de la Rente, de l'Extérieure espagnole ou des valeurs « à turban, » — lisez ottomanes, — communiquent avec les habitués grâce à une pantomime conventionnelle, au milieu d'un vacarme qui fait substituer les signes à la voix. Sept « coteurs » officiels, employés de la Chambre syndicale, sont installés à de petits pupitres et dressent, comme des météorologistes, la courbe de variations des cours. Au dehors, la bousculade recommence dans le couloir des téléphones, et, tandis qu'on lutte autour des cabines, la salle du télégraphe demeure presque vide ; quelques personnes y viennent lire leurs journaux ou faire leur correspondance. Trop lent désormais, ce mode de communication est délaissé.

Vue de plus haut, de plus loin, sous la perspective économique ou sociale, la Bourse est le lieu de rendez-vous des capitaux et des entreprises. Elle ne crée ni les premiers, ni les secondes, mais elle les accointe et les adapte les uns aux autres. Par cette machine à placement, l'argent se transforme perpétuellement en affaires, les affaires se transforment perpétuellement en argent. L'argent en quête d'emploi et les affaires en quête de fonds viennent ici de tous les points de la planète ; des parcelles d'économie s'amalgament pour fournir à des besoins gigantesques ; des prolétaires y deviennent créanciers de souverains et employeurs d'ouvriers et les riches, avec leur lingot fractionné, se procurent des morceaux de vingt propriétés différentes.

Tout cela d'ailleurs est inapparent. Bien que le grand public collabore de plus en plus au mouvement des Capitaux en bourse, la Bourse est de plus en plus abandonnée aux professionnels. Ce double fait, contradictoire, s'explique : les cours des valeurs sont maintenant gouvernés par des millions d'hommes qui ne viennent jamais à la Bourse : ce n'est donc plus de la Bourse que l'on peut provoquer ou diriger les mouvements. Le XIXe siècle a vu naître et grandir la fortune mobilière. Le XXe siècle voit se transformer les spéculations dont elle est l'objet.

La période embryonnaire, de 1815 à 1850, appartient à la haute banque d'ancien type, issue en majorité de la Suisse protestante ; gens de grande prudence qui trouvèrent dans les prêts aux gouvernements l'occasion de s'enrichir. Bien que les emprunts d'Etat ou les conversions de dettes fussent rares, et portassent sur des sommes que nous jugerions minimes aujourd'hui, la part faite aux banquiers était si large qu'ils réalisaient encore de copieux bénéfices. Sous la Restauration, tel emprunt espagnol était vendu avec 50 pour 100 de rabais sur le taux d'émission, aux courtiers parisiens, qui se chargeaient de le placer dans leur clientèle. Les fonds français, sans rapporter des commissions comparables à celles-là, rémunéraient très haut les services d'intermédiaires dont on n'osait se passer, après deux échecs de souscriptions publiques, en 1818 sous Corvetto, en 1825 sous Villèle. La conversion du 5 pour 100 en 4 et demi, tentée par ce dernier sans intervention des banques, n'avait réussi que pour 30 millions sur les 140 millions de rente existante et le Trésor dut recourir, pour se tirer d'embarras, aux receveurs généraux qui surent faire payer leur concours. Sous

Louis-Philippe, le crédit public demeurait fragile, l'argent timide, et peu solides encore étaient les entreprises qui devaient réussir un jour. Il y eut ainsi, à cette époque, de grosses pertes sur les chemins de fer.

La seconde période va de 1850 à 1870 ; des personnages nouveaux surgissent, plus hardis, plus inventifs : après avoir développé ses théories dans la revue hebdomadaire des *Débats*, qu'il rédige de 1838 à 1846, Isaac Pereire les met en pratique avec des facultés supérieures. Ses créations multiples, son initiative souvent heureuse lui assurent, malgré des revers éclatants, une place parmi les constructeurs de la France moderne. Un premier emprunt d'Etat, directement offert au public, réussit en 1854 et l'on commence à appeler aux guichets les petites bourses, comme on avait appelé les petites gens au scrutin.

A ce moment tout est à créer, pour profiter des découvertes de la science ; tout se crée : chemins de fer et paquebots à vapeur, gaz et eau, aciéries et houillères, manufactures de toute sorte et villes rebâties à neuf. De ces hommes d'imagination et d'argent beaucoup furent des joueurs, comme Mirés, comme Pereire lui-même, qui succomba, moins sous le coup droit d'un adversaire, que pour avoir spéculé sur les titres de sa propre société ; écueil fatal où, plus tard encore, d'autres se briseront.

A côté d'eux, Rothschild, au contraire, valait surtout par sa prévoyance. Il ne happait pas tant les idées, il mûrissait davantage les projets et, une fois en route, apportait à l'exécution une invincible ténacité. Toutes ses affaires n'ont pas été fructueuses, toutes ont été bien gérées. S'il réussissait, il se gardait de distribuer en dividendes la totalité des gains ; il accumulait des réserves. S'il échouait, il attendait avec patience que l'événement justifiât ses calculs. C'est ainsi qu'il soutint les chemins de fer de Saragosse ou les mines d'El Boleo, en leur avançant « à découvert, » dans les années critiques, un nombre respectable de millions dont ces compagnies restèrent longtemps débitrices chez lui.

Il est généralement admis que ces rois de finance, chez lesquels la Bourse fait antichambre en la personne des agents et des remisiers, spéculent à coup sûr et accroissent aisément leur fortune. C'est exactement l'opposé de la vérité. Placés comme ils sont au sommet, ils ont tout à craindre du vertige même de leur grandeur ; — il y a un vertige des millions comme il y a un vertige des montagnes. — Sans cesse tentés de prendre part aux combinaisons les plus séduisantes, aux desseins les mieux concertés, cette sorte de gens côtoient sans trêve le précipice. A toute minute, l'occasion leur est offerte de commettre une sottise ; c'est un rare mérite déjà que de n'en pas profiter.

L'extrême richesse mobilière, bien qu'elle ne soit grevée d'aucune de ces obligations politiques qui pesaient sur la richesse foncière d'autrefois, a néanmoins la « charge du Roi, » à la Bourse. Elle porte le fardeau de servitudes financières, inhérentes à sa conservation. Un banquier de Bucharest, à qui l'on demandait pourquoi il avait pris la résolution de quitter cette ville, répondait : « Ici je suis maintenant le plus riche ; je ne puis donc plus gagner sur personne et l'on gagne sur moi ! »

La fin de la guerre de 1870 coïncida avec l'entrée en scène de l'école francfortoise, dont les représentants s'entremirent tout d'abord dans le lancement des emprunts de libération du territoire. Les gros banquiers qui entouraient M. de Bismarck demandaient qu'une partie de la contribution de cinq milliards fût payée en titres de rentes plutôt qu'en argent. Ils voulaient persuader à M. Thiers qu'il était de notre intérêt de nous acquitter envers l'Allemagne avec des titres qu'elle se chargerait de réaliser ; ce qui la lierait au relèvement de notre crédit. Mais Pouyer-Quertier montra que, sans parler des commissions qu'exigeraient les banques allemandes, il était beaucoup plus sûr de vendre soi-même les titres que l'on crée et d'en employer le produit à payer ses dettes ; parce que les créanciers, que l'on paie avec des titres, ne se piquent jamais de ménager les nuances ni le crédit de l'État débiteur. Bien qu'émis par souscription publique, les emprunts de guerre ne prétendaient, cependant, ni supprimer les intermédiaires, ni se passer de la spéculation. Pour écarter autant que possible les capitalistes uniquement soucieux d'encaisser, au plus vite, la prime qu'ils pensaient devoir s'établir sur le nouveau titre, le gouvernement accordait une préférence aux souscriptions d'unités déclarées irréductibles. Mais, avec ce système, on présentait au trésor des listes fictives de noms qui, lus à la suite les uns des autres, rappelaient des fables de La Fontaine. Lorsqu'il s'agit d'emprunts considérables, — et jamais jusqu'alors il ne s'en était vu de tels, — on ne peut guère espérer qu'ils se « classent » en totalité, du jour au lendemain, dans le portefeuille de ceux qui ont l'intention de les garder comme placement définitif. La spéculation intervient pour porter jusque-là une partie des titres « flottants, » dans l'espoir d'un gain à réaliser sur le public. C'est ce que tirent les Francfortois de Paris, comme la plupart des anciennes maisons de la place. Ils poussèrent à la hausse de la rente française, dont ils demeuraient acheteurs à des conditions avantageuses.

Véritables boursiers, très travailleurs et très audacieux, mais plus risqueurs en apparence qu'en réalité, car ils ne risquaient jamais leur situation, ces étrangers, avides d'affaires, avaient eu l'adresse de nouer une alliance entre le Comptoir d'Escompte, inspiré par M. Pinard et le Crédit Foncier, gouverné par M. de Soubeyran. Ce dernier fut pour eux le point d'appui, le levier puissant sans lequel ils n'auraient rien fait. La Bourse s'engagea à leur suite dans les valeurs égyptiennes et turques ; mais ils savaient, eux, se créditer « à la turque » en se débitant « à la franque. » Ils prêtaient au khédive Ismaïl à 18 pour 100, contre du papier qu'ils réescomptaient à 4 pour 100, avec garantie des titres, au Crédit Foncier, dont les 150 ou 200 millions de disponibilités se trouvèrent ainsi employées avantageusement, mais non sans danger.

Soubeyran, poète, illusionniste et mégalomane, avait, lui, l'esprit le moins francfortois qui pût être : il ne regardait jamais la porte de sortie. Il perdit et fit perdre beaucoup d'argent dans des idées justes, pour les avoir eues trop tôt ; parce qu'en bourse, il ne faut pas prévoir, mais voir. Lorsque arriva la faillite égyptienne, les banquiers de Francfort se retirèrent indemnes. Soubeyran seul fut compromis. Il démissionna, accablé sous la réprobation générale, en laissant à l'actif du Crédit Foncier des créances, devenues excellentes, qui firent la prospérité de cet établissement pendant quinze ans, sous un successeur plus heureux qu'habile.

Deux types distincts de spéculateurs coexistent dans le monde de la finance : l'un exploite directement la Bourse, joue sur le papier créé et escompte les variations de cours qui résultent di : progrès ou du malaise des États. L'autre crée des valeurs d'État ou succédanées et, si ses moyens trop faibles lui interdisent d'agir par lui-même, il met son génie inventif au service de plus puissants dont il utilise les capitaux et l'influence.

Au Conseil de la Banque impériale ottomane, rue Meyerbeer, siégeaient alors les plus vieux noms et les plus estimés de la place, ceux parmi lesquels la Banque de France recrute ses régents. Pourtant, le jour où le gouvernement turc suspendit ses paiements, la Banque ottomane, désespérant de rentrer dans les 30 millions qui lui étaient dus, se mit à vendre ses créances avec 80 pour 100 de perte. Des banquiers de Galata s'empressaient de les racheter, et les repassaient à la Turquie pour leur valeur initiale dans des prêts nouveaux. Contre une obligation de 107 francs, ils versaient 50 francs d'espèces et 80 francs de papier déprécié qui leur coûtait 10 francs.

Tout à coup les choses, à Paris, changèrent de face. Il survint un jeune courtier, fort inconnu, qui sut révéler à la haute banque sa puissance, dont elle n'usait pas, et l'amena d'abord à croire elle-même aux valeurs turques qu'elle avait créées, et en qui elle n'avait plus foi. Son plan consistait à recouvrer directement certains impôts et revenus de l'Empire ottoman, et à donner solidité à la dette du gouvernement turc en se substituant à lui. L'opération ayant réussi, les perceptions ainsi faites donnant des excédents, il s'établit une atmosphère spéciale autour de ces fonds d'Orient, dont la capitalisation s'éleva à un taux supérieur puisqu'ils devenaient des fonds européens.

Sous le couvert des affaires turques se firent aussi les premiers syndicats entre les financiers de France et d'Allemagne, à une époque où les deux nations demeuraient encore très séparées. Ces placements internationaux, qui s'accroissent maintenant en Asie par la création des chemins de fer, emmêlent les intérêts des peuples et modifient leurs sentiments. Si, là où est votre trésor là n'est pas toujours votre cœur, il n'est pas moins vrai que, sous la Restauration, l'Europe était pour la Grèce contre le Sultan, et qu'il y a neuf ans, malgré les massacres d'Arménie, l'Europe était d'opinion contraire. Ne serait-ce pas qu'elle a de l'argent en Turquie ?

Section III

N'est-ce pas aussi d'une question d'argent, d'une crise mémorable de Bourse, que sont issus, s'engendrant l'un l'autre, une suite de faits politiques et sociaux dans la France contemporaine ? N'y a-t-il pas un lien de cause à effet entre le krack de l'Union générale et le succès de l'antisémitisme, entre l'antisémitisme et l'affaire Dreyfus, entre l'affaire Dreyfus et la réaction antireligieuse, accompagnée du despotisme qu'une moitié des citoyens fait peser sur l'autre moitié, dans cette république soi-disant démocratique ?

La période 1871-1880 avait été une époque de hausse générale, par suite une période de gain. Le 3 pour 100 français se cotait beaucoup plus haut qu'à la fin de l'Empire et toutes les valeurs à l'avenant. Les profits rapides du public dans les bonnes affaires le poussent à en chercher de nouvelles ; des gens aventureux en inventent pour les lui offrir et il y perd naturellement de l'argent. Ces accidents économiques se sont produits maintes fois depuis cent ans et ils se produiront encore.

En Angleterre, on appelle ces entraînements d'émission des « mania » et les compagnies ainsi créées des « bubble companies, » des compagnies éruptives. Il y eut, chez nos voisins d'outre-Manche, des sociétés excentriques dont nous n'avons pas eu l'équivalent ; il y en eut pour « assurer le risque d'infidélité des femmes dans le mariage ; » il y en eut une qui ne disait même pas pourquoi elle se fondait, son but devant rester secret et n'être révélé qu'un mois après la clôture de la souscription. A ce « mystère en actions » il se trouva pourtant mille actionnaires pour souscrire. Beaucoup des émissions de 1881-1882 ressemblaient fort à celle-là, sans toutefois l'avouer si ingénument. Il s'en fit, dans ces deux années, pour 11 milliards de francs ; non point versés en espèces, cela va sans dire, mais évalués au cours de la Bourse, avec la prime. Car beaucoup de titres de 500 francs se cotaient 1 000 francs dès avant leur naissance. L'Union générale ne fut donc pas le seul engouement de cette époque, mais il fut le plus célèbre, le plus triomphal et finalement le plus désastreux. M. Bontoux avait rapporté d'Autriche plusieurs affaires sérieuses qui, bien gérées, devaient réussir et ont, effectivement, prospéré malgré sa chute. Leur groupement fut le pivot ou le point de départ d'un établissement nouveau, l'Union générale, qui dès le début, au lieu de se borner à des convictions financières, commit l'imprudence de faire entrevoir des bénéfices politiques et religieux. On prendrait sa revanche de la finance cosmopolite et la conquête de l'« Or du Rhin » serait suivie, comme dans la tétralogie wagnérienne, du « Crépuscule des dieux » jusqu'alors omnipotents. Du moment où il s'agissait d'une croisade par actions, et d'argent à gagner contre quelqu'un autant que pour soi-même, dès lors que l'on remplirait à la fois son devoir et son portefeuille, l'Union générale recueillit plus de sympathies, éveilla plus de passions qu'une entreprise ordinaire. Elle provoqua, par le même motif, une pareille dose de mauvais vouloir et de sourde hostilité.

Mais ni ses amis n'auraient pu prévoir son invraisemblable succès, ni ses ennemis n'auraient pu précipiter son échec. Elle fut choisie, comme un tapis vert, par des gens qui jouaient à la Bourse comme on joue au baccarat. Le Suez, qui n'avait, lui, aucune nuance politique, eut à la même date le même sort : après être monté en janvier 1882 à 3 500 francs, il retombait un mois plus tard à 2 000 francs. Mais sans se faire aucun mal, parce que l'administration du Canal était restée étrangère à ces fluctuations. L'Union générale, au contraire, sombrait, parce qu'elle avait commis la même faute que Law, sous la Régence et Pereire sous Napoléon III : elle avait spéculé sur ses propres titres, les reprenant beaucoup plus haut qu'elle ne les avait vendus au public, avec l'espoir de les pousser et de les revendre plus haut encore ; prise elle-même de ce vertige de la rue Quincampoix, dont une partie de la France, et particulièrement la région lyonnaise, fut alors possédée durant plusieurs mois.

Avant cet « emballement » illogique, les habitués du marché, ceux qui ont « le sentiment de la réalisation » et qui, suivant un précepte sage, « laissent toujours gagner après eux, » s'étaient mis à l'abri. A la Bourse, le coin noir, le « coin des corbeaux, » ainsi qu'on nomme les baissiers qui guettent les réactions des valeurs sur lesquelles tout le monde se jette, commença à vendre à découvert au cours de 1 500 francs, en juillet 1881, ces actions émises à 500 francs trois ans avant, et sur lesquelles 125 francs seulement étaient versés. Mal lui en prit d'abord, puisqu'elles montèrent jusqu'à 3400 francs en janvier 1882. Quelques jours plus tard survenait l'effondrement, le « krack, » — mot nouveau dont s'enrichit la langue, — qui ruina nombre de familles et causa au pays un grave préjudice.

Au contraire de la légende accréditée, l'Union générale ne succombait pas sous les coups de la banque juive : on citerait des juifs marquants parmi les haussiers, tandis que le plus gros joueur enrichi par la baisse était un chrétien. Mais, quelle qu'ait été la folie de l'Union générale, le gouvernement de l'époque, cédant à des rancunes vulgaires, fit cruellement expier à Bontoux les fanfaronnades inoffensives de ses débuts, et la peur qu'un instant il avait eue de lui. Il n'usa pas à son égard des procédés du médecin, qui traite de son mieux le malade, même désespéré, dont l'intérêt national lui impose la charge, et ainsi qu'il fut fait, par d'autres ministres, en toutes catastrophes antérieures et postérieures à celle-là ; mais, comme un barbare qui voit son ennemi gisant à terre, loin de lui tendre la main pour prolonger sa vie ou adoucir sa mort, il mit avec ivresse le pied sur sa gorge et l'écrasa. Il fut semé ce jour-là beaucoup de haines ; elles ont levé depuis.

En 1882 commence la période contemporaine qui dure encore : celle des établissements de crédit. La Bourse a connu dans ces vingt-trois années d'autres débâcles : celle du Comptoir d'Escompte et des cuivres, celle des Dépôts et Comptes courants, celles du Panama et des Mines d'or, pour ne citer que les plus notoires. Mais aucune de ces déceptions localisées n'a eu le caractère et les conséquences du krack. J'ai décrit ici même, il y a dix ans, la révolution accomplie par les établissements de crédit dans la banque ; elle n'a pas été moindre à la Bourse. Il s'est trouvé un génie financier, Henri Germain, doué des qualités qui manquaient à Bontoux, pour réaliser, au Crédit Lyonnais, ce que le fondateur de l'Union générale eût à peine entrevu dans ses rêves, et montrer que rien n'empêche un catholique de régir en maître le marché de l'argent. A cette condition pourtant de n'avoir aucun préjugé confessionnel et de laisser à « César » ce qui lui appartient. Car si l'argent, quoi qu'en dise le proverbe, a parfois une odeur, il n'a ni parti, ni religion.

Le Crédit Lyonnais avait jusqu'alors, comme les autres banques, engagé ses capitaux en de multiples affaires et, comme les autres, y avait essuyé des revers. Non pas tous définitifs, à dire vrai : les neuf millions que lui devait la Turquie, passés par lui à « profits et pertes » pour *un franc* en 1876, lui revinrent dans la suite avec de très beaux intérêts. Vingt ans plus tard, après la déroute du Panama, dont les émissions successives lui avaient procuré de fructueuses commissions de guichet, le Crédit Lyonnais, pour empêcher la déchéance de l'entreprise, consentit, sur la demande instante du syndic, à faire une partie des fonds de la Société nouvelle. Les 14 millions ainsi aventurés ont réintégré sa caisse en 1904, par suite de la vente du canal aux Américains. Mais, aux bilans qui suivirent le krack de 1882, les réserves du Lyonnais se trouvèrent diminuées de 40 millions.

Ce rude coup, loin d'abattre M. Germain, le lança dans une voie aussi féconde pour la prospérité nationale que pour l'établissement qu'il dirigeait. Éclairé sur ce vice auquel nul encore ne prenait garde : l'incompatibilité d'un passif, prompt à sortir, avec un actif, lent à rentrer, il s'interdit de balancer des dépôts, exigibles en une heure, par des valeurs recouvrables en un an, ou davantage. La nécessité d'avoir des fonds, à la fois laborieux et liquides, engendra la chasse aux effets de commerce ; d'où l'abaissement de l'escompte et le bon marché du crédit pour le public. En même temps obligation de faire beaucoup d'affaires, parce que chacune rapporte peu ; d'où recherche de l'argent épars et inactif qui, aggloméré, constitue un lingot formidable, d'autant plus puissant qu'il appartient à une armée de petits rentiers.

Une banque privée, possédant en propre un milliard de capital, mais n'ayant que trois cents clients, placera parmi eux pour 40 millions de valeurs, pendant qu'une Société de crédit, quatre fois moins riche, mais en relations avec 300 000 clients, placera dix ou vingt fois plus. Seulement ses bureaux, au lieu d'occuper un espace de 500 mètres carrés et quelques dizaines de commis, se déploient sur 25 000 mètres de terrain, tant au siège social que dans ses agences, et 3 000 personnes composent son effectif. Les frais généraux, correspondant à une organisation pareille, absorbent bien au-delà du profit que l'on tire du capital et des réserves, quelque vingt millions peut-être par an. Le bénéfice de la Société viendra de l'écart entre ce que lui coûtent les dépôts et ce qu'ils lui rapportent : un pour cent de gain, sur un milliard et demi, se chiffrera par 15 millions de francs et, sur le placement de 500 millions de valeurs nouvelles, une simple commission de 2 p. 100 procurera 10 millions de francs.

Mais par là l'ancienne Bourse est profondément transformée et son importance réduite. En effet cette démocratisation extrême de l'argent s'associe à un mode nouveau d'émission ou d' « introduction » : la vente directe, au détail, avec prix marqués en I chiffres connus comme dans les bazars, et l'écoulement en quelques jours de 800 millions de marchandises, — telles que les bons du Trésor Russe, en 1904, — sans affiches, sans publicité, sans intermédiaires ni spéculation. Ce système, il est vrai, n'est applicable qu'à des affaires très saines, à des emprunteurs connus et pour des taux avantageux. La clientèle apprend à se défendre, dans l'ancien comme dans le nouveau continent : au dernier « boum » des États-Unis, les lanceurs sont restés en tête à tête avec leurs paquets de titres, en face d'un public qui se refusait.

Section IV

L'avènement et l'éducation de ces couches successives de petits porteurs, entre les mains de qui les valeurs mobilières se sont peu à peu diffusées, a singulièrement rétréci le domaine de la « spéculation, » en langue vulgaire : du jeu de Bourse. Si l'on s'en tient aux apparences, le « comptant, » ventes et achats effectués contre argent, représente seulement un mouvement de 35 millions de francs par jour, sur lesquels un septième environ, — 5 500 000 francs, — proviennent des ordres transmis par les quatre principaux établissements de crédit, pour le compte de leur clientèle.

Le chiffre des ventes et achats à terme, qui varie d'une année à l'autre du simple au double, ou même au triple, est toujours beaucoup plus considérable et, en moyenne, dix-huit ou dix-neuf fois plus élevé que celui du comptant. Mais ce sont des marchés « au crayon, » de simples opérations d'écritures qui, le plus souvent, ne se réaliseront pas en espèces, et que des opérations inverses annuleront à la fin de la quinzaine ou du mois ; à moins que les engagements ne soient différés, — « reportés, » dit-on, — à une date ultérieure.

Jusqu'à 1885, les achats et ventes à terme étaient considérés par la loi comme non avenus. Nul ne pouvait être forcé de tenir sa promesse. On se contentait d' « exécuter » celui qui ne payait pas, c'est-à-dire de lui interdire l'entrée de la Bourse. . 'Depuis que cette « exception de jeu, » qui, sous prétexte de moralité donnait des résultats immoraux, a été supprimée en France, elle a été admise en

Allemagne, où elle n'existait pas il y a vingt ans et où le législateur se flatta, comme chez nous jadis, de décourager les marchés à terme en leur refusant l'existence officielle. Cependant, sous le régime de la restriction, le public allemand a spéculé plus que jamais et d'une façon folle. Ce qui prouve que les deux systèmes sont indifférents et que le frein efficace n'est pas dans la main de l'État.

Au surplus, il ne faut pas croire le terme toujours coupable et le comptant toujours innocent. Il s'est fait à New-York de terribles « pool » — poules — d'accaparement au comptant. A la Bourse des marchandises la spéculation est le commerce même ; elle approvisionne les marchés et, par elle, les prix s'équilibrent d'une mer à l'autre, comme les flots. Une consignation de 100 balles de coton, à Liverpool, changea de mains nominalement cent cinquante fois, avant d'arriver au consommateur. En certaines industries, l'opération à terme est *le contraire* du jeu ; c'est une garantie contre les risques. Le minotier s'expose aux variations bonnes ou mauvaises des cours, s'il ne vend pas *à terme* la farine correspondante au grain qu'il vient d'acheter au comptant.

Pour les valeurs, le marché à terme est un tampon ; grâce à lui, il existe toujours une réserve d'acheteurs et de vendeurs. Ces joueurs, grands et petits, sont le ferment, le microbe nécessaire à la vie de la Bourse, et combien ce rôle leur coûte cher ! Ils se ruinent tous, plus ou moins vite, plus ou moins complètement ; en général, ils ne durent guère plus de dix ans. L'histoire en connaît un sur mille qui réussit : tel cet enfant de Salonique, débarqué à seize ans, après la guerre de 1870, chez un sien oncle coulissier à Paris ; à vingt et un ans, il avait gagné deux millions sur la hausse de la rente française et s'établissait pour son compte. Il aidait les jeunes gens à son tour et, en échange des emplois qu'il leur procurait chez les agents ou dans la banque, ses protégés lui fournissaient de précieuses révélations sur les positions existant dans leurs charges. Après des alternatives de bonnes et de mauvaises chances, perdant sur l'Italien ce qu'il avait gagné sur le Turc, il faillit sauter dans les Mines d'or et se retira néanmoins avec une certaine opulence. Mais on le cite, son cas est rare.

« Souvenez-vous qu'à la Bourse 2 et 2 font rarement 4 ; encore moins 4 et 4 y font-ils 8, et jamais surtout 8 et 8 n'y font 16. » Le vieux routier qui donnait cet aphorisme comme l'unique règle de salut, entendait par là que le succès dépend beaucoup plus des facultés de résistance du spéculateur, que de la qualité intrinsèque des spéculations ; qu'il n'est si juste et si sage opération qui ne devienne mauvaise et dangereuse pour qui s'engage, non pas même jusqu'à la limite de ses forces, mais simplement au-delà de ce point redoutable où commence pour lui la peur.

Celui qui s'est chargé de façon à ne pouvoir supporter avec *indifférence* les paniques ou les emballements des cours, quelque formidables et prolongés qu'ils soient, est un homme perdu. Son calcul, ses raisonnements pouvaient être fondés au début ; ils le seraient encore, mais pour des chiffres moins enivrants. Avec sa mise doublée ou quadruplée, il ne calcule ni ne raisonne plus : il joue et, forcément, il joue mal. Or ce dernier cas est celui d'à peu près tous les boursiers, tellement est grande la tentation de forcer la dose.

Leur jeu toutefois est innocent et ne fait de mal qu'à eux-mêmes. Ils n'ont point de prise sur les fonds d'Etat, ni sur les valeurs très répandues. Les capitaux ici sont trop lourds à remuer et les portefeuilles trop loin pour s'émouvoir. Aujourd'hui on change le chef de l'Etat avec un mouvement de 5 ou de 10 centimes ; on faisait autrefois des différences de 3 francs sur la simple chute d'un ministère. Les joueurs se sont donc réfugiés dans de petits compartiments : l'Extérieure espagnole, séparée du fonds national et comme « embouteillée » à l'usage de la spéculation pour lui servir de remorqueur, des valeurs industrielles telles que le Rio-Tinto ou la Sosnovice et le lot des mines d'or.

Suivant leur tempérament, les joueurs sont haussiers ou baissiers, « bulls » ou « bears » disent les Anglais, parce que les premiers, confiants, portent la tête haute et que les seconds vont la mine renfrognée. Les haussiers ont connu de beaux jours pendant le dernier quart du XIXe siècle, en raison de la baisse du taux de l'intérêt, qui a fait apprécier plus haut les valeurs appelées « de tout repos, » que le père de famille préfère malgré leur faible rendement. « Avec elles, dit-il, l'on mange mal, — ayant peu de revenus, — mais on dort bien. Avec des placements plus rémunérateurs et moins solides on mange bien, mais on dort mal. » L'autre école, plus hardie, remarque, non sans fondement, qu'une rente d'Etat, parvenue au pair, ne peut monter ni en capital ni en revenus ;

tandis qu'elle est susceptible de baisser en revenus — par suite des conversions — si les affaires vont bien, ou en capital, si les affaires vont mal.

Le joueur, qui ne cherche que des « différences, » ne voit pas les choses d'aussi loin. Il y eut, entre 1890 et 1893, une période pendant laquelle celui qui acheta de la rente française à terme, sans bourse délier, et se fit reporter chaque mois, bénéficia de la hausse du capital et en toucha l'intérêt annuel, sans presque payer de loyer pour le titre. De sorte que cette « position, » maintenue pendant quatre ans sur 3 000 francs de rente, dut lui rapporter net environ 17 400 francs.

On a fait des calculs analogues pour celui qui eût acheté le 3 p. 100 en 1882 et l'eût revendu en 1900. Mais ces constatations théoriques n'empêchent pas que, durant ces périodes, nombre de haussiers aient perdu de l'argent sur la rente, parce qu'ils n'ont pas, suivant l'avis plus facile à donner qu'à suivre, su « vendre et regretter. » N'importe ! La hausse est toujours populaire ; même les rentiers tranquilles, dans le fond de leur province, se réjouissent ou se lamentent chaque jour, d'après le cours de la Bourse, de l'enflement ou de la réduction d'un capital qui ne leur importe guère, puisqu'ils ne veulent à aucun prix le réaliser.

Rien de plus malfaisant que les hausses rapides, accès de folie en commun, pendant lesquels des étages d'acheteurs superposés se passent le flambeau ; tous satisfaits, parce que chacun revend avec bénéfice. Ces entraînements sèment toujours la ruine ; cependant, au moment où tombe cette terrible semence, on la reçoit comme une manne du ciel. Même après le désastre, ceux qui l'ont provoqué trouvent encore de l'indulgence ; d'étonnantes fidélités s'attachent à leur malheur. Le haussier malgré tout semble bon patriote, même quand il achète sans argent. Ennemi public au contraire est le vendeur « à découvert. » On l'accuse de déprécier le crédit. C'est lui que les régimes passés qualifiaient d' « agioteur » et poursuivirent âprement.

Sous le premier Empire, à la veille de la rupture de la paix d'Amiens, il se produisit une baisse assez sensible. Napoléon fit venir Mollien et lui donna l'ordre de préparer un décret interdisant les ventes à terme, exactement comme le 1er mars 1904, — cent ans plus tard, — au début de la guerre russo-japonaise, — nos hommes d'Etat, qui avaient un peu perdu la tête, et peut-être quelque chose de plus, interdirent à la Chambre syndicale des agents de change la vente à découvert des rentes françaises, turques et espagnoles. Cette mesure *illégale* du gouvernement actuel fut vite rapportée. Napoléon, lui, s'était abstenu de la prendre. Mollien avait su l'en dissuader : « Sire, avait dit ce ministre, le porteur d'eau qui promet deux seaux pour demain fait une vente à découvert. — Il sait qu'il trouvera l'eau à la rivière, repartit l'Empereur. — Le vendeur à découvert est dans la même situation, répliqua Mollien, parce qu'il existe aussi une rivière de rentes où l'on peut puiser et qui coule toujours. »

Bien loin d'être une spéculation hasardeuse, la vente à découvert est, à certaines heures, une assurance raisonnable contre les risques de baisse. Tel banquier s'est chargé du placement de valeurs qu'il a prises ferme et où ses capitaux sont largement engagés. S'il survenait, pendant qu'il effectue cette opération, des événements qui provoquassent un désarroi quelconque, il se trouverait compromis. Pour se garantir contre de pareilles éventualités, il se fait vendeur de rentes, afin de compenser, le cas échéant, par le profit à recueillir sur la baisse des fonds d'Etat, les pertes à éprouver sur les fonds qu'il détient en caisse.

Rien de plus heureux, pour une valeur de spéculation, que la présence d'un découvert étendu ; elle y trouve un matelas pour les chutes et un tremplin pour la hausse. Ce sont en effet les acheteurs à crédit qui font les débâcles et les vendeurs à découvert qui soutiennent les cours, puisque ce sont les seuls qui rachètent en baisse. Un exemple assez piquant est celui de ce gros vendeur, décédé subitement au lendemain de la déclaration de guerre japonaise, en 1904, liquidé d'office par ses agents et qui gagna ainsi deux millions à la Bourse après sa mort. En réalité haussier ou baissier ont même objectif : acheter bas et vendre cher. Ils ne diffèrent que par le point de départ, puisque l'un commence par l'achat et l'autre par la vente.

Au bout de quinze jours, un mois au plus, l'acheteur doit prendre, le vendeur doit livrer les titres. S'il en était autrement, les spéculations de Bourse seraient purement fictives, une sorte de jeu sur parole où l'on ne paierait jamais. Le jour du terme, de la

« liquidation, » l'acheteur à crédit qui ne veut pas payer ses titres doit les revendre ; le vendeur qui n'a pas de titres à livrer doit les acheter. L'un et l'autre alors encaissent ou paient les « différences, » gains ou pertes résultant de l'écart entre leurs ventes et leurs achats.

Ceux qui veulent maintenir leur « position, » pendant le mois ou la quinzaine suivante, se font « reporter. » Ils prennent pour un terme nouveau de nouveaux engagements, par l'intermédiaire des agents qui se livrent au « pointage » des offres et des demandes et balancent les unes par les autres. Elles ne s'équilibrent presque jamais ; sinon, le « report » représenterait exactement l'intérêt, pendant un mois, du titre acheté le 1er pour être livré le 30. Mais, durant cette période, le titre peut monter ou baisser et, suivant qu'il y a plus ou moins de spéculateurs à prévoir la hausse ou la baisse, le nombre des acheteurs l'emporte sur celui des vendeurs ou inversement.

Les acheteurs sont-ils plus nombreux ? Il faut que des capitalistes interviennent qui leur prêteront, pour trente jours, l'argent nécessaire. Ces reporteurs « lèvent » le titre et le gardent — c'est un prêt sur gages — pour le compte du reporté. Ils le lui livreront « fin courant, » majoré du report, qui représente le loyer de leurs fonds. Ce loyer varie chaque mois suivant la plus ou moins grande abondance de l'argent, et, pour chaque valeur, suivant la plus ou moins grande abondance de titres sur le marché.

Ce titre en effet, que le spéculateur achète avec l'intention formelle de ne pas le prendre et sur lequel le capitaliste prête à la quinzaine sans avoir droit de le garder, ce titre sans place, sans domicile, qui loge en garni dans les caisses des agents, des sociétés de reports ou des établissements de crédit, quel est-il, d'où vient-il ? et

De sa *souche* détachée

Pauvre feuille desséchée

Où va-t-il ? En langage de Bourse c'est un titre « flottant, » « non classé » ou déclassé. Il est sorti du portefeuille, du coffre paisible de l'épargne et « porté » par les joueurs qui l'ont recueilli et lui font un sort, il mène une existence nomade. Lors des bourrasques financières, c'est lui, victime sans défense, qui supporte les premières avaries. L'an dernier, au moment d'une crise de ce genre, tandis que l'Égyptien et l'Italien, bien classés, ne bougeaient pas, l'Espagnol, l'Argentin et la rente française elle-même, — qui, depuis le ministère Combes, avait beaucoup de flottant, — éprouvaient une baisse sensible.

Qui donc a pu dire que la France n'avait pas aidé la Russie dans sa guerre actuelle ? Le seul fait par les Français d'avoir soigneusement gardé les fonds Russes, dont ils sont détenteurs, apportait au crédit de notre alliée un soutien efficace et inestimable. Nombre de boursiers, escomptant le déclassement probable de 500 millions ou d'un million d'emprunt Russe, sur les 7 milliards que nous possédons, se firent vendeurs à découvert. Calcul dangereux ; parce que, si le portefeuille ne se dégoûtait pas, ils s'exposaient à payer du « déport. »

En effet, lorsque les vendeurs sans titres sont beaucoup plus nombreux que les acheteurs sans argent, non seulement le report baisse et tombe « au pair, » — c'est-à-dire que l'acheteur profite gratis pendant un mois du revenu dont se grossit le titre, — mais même il survient du « déport. » Il faut louer réellement les titres à des propriétaires effectifs pour équilibrer les ventes et les achats à terme, de sorte que la généralité des vendeurs se trouvent payer aux acheteurs une certaine somme pour retarder la livraison du titre qu'ils ont vendu. En outre, les acheteurs touchent l'intérêt de ce titre, comme s'ils l'avaient entre leurs mains.

Cette situation bizarre s'est prolongée à Londres, sur les fonds Russes, de 1881 à 1887 : « Je les ai achetés à terme, disait plaisamment un banquier, je ne puis pas arriver à avoir les titres ; on me paie du déport depuis cinq ans. » De sorte que, sans avoir rien versé, il touchait, et les coupons, et un loyer de ces valeurs qu'il était censé prêter à son vendeur. Le même fait s'est produit récemment à Paris, où les vendeurs de Russe ont payé, chaque quinzaine, des déports qui équivalente un intérêt annuel de 15 p. 100. Le Panama a fourni des exemples analogues. Les baissiers, eussent-ils vu juste en principe, se ruinent infailliblement lorsqu'ils prétendent lutter contre le portefeuille.

L'effectif comparé de ces deux groupes en présence — acheteurs et vendeurs — est ce qu'on nomme la « position de place » que révèle chaque liquidation. Quand les reports s'élèvent sur l'ensemble des valeurs, c'est l'indice que la place est « chargée, » qu'il y a trop d'acheteurs à terme et que, par conséquent, les titres sont entre les mains des spéculateurs et non des capitalistes. En février 1904 les positions à reporter exigeaient 650 millions ; à la fin de l'année elles étaient descendues à 300 millions, chiffre normal et plutôt bas, que comporte une période très calme.

Dans les moments de grandes affaires il s'élève jusqu'au milliard. S'il le dépasse, l'argent se raréfie ; suivant un mot de boursier il est « à la cravache » et le danger est proche. En 1881, lorsque 100 000 actions de l'Union Générale, en report, exigeaient à elles seules, au cours de 3 000 francs, 300 millions, le capital ainsi prêté se fit payer jusqu'à 18 et 20 pour 100. Une situation aussi tendue provoque infailliblement les suspensions de paiement et les faillites. Les reporteurs prudents n'attendent pas de pareilles extrémités ; ils « dénoncent les reports, » c'est-à-dire qu'ils refusent de les continuer. L'acheteur, privé d'argent et forcé de se liquider, précipite alors la baisse par l'afflux de ses titres sur le marché.

On a reproché aux établissements de crédit de s'être retirés brutalement, d'avoir, en argot de bourse, « secoué le poirier » — pour les mines d'or par exemple — sans souci des paniques qui en résulteraient et même avec l'intention d'en profiter. Accusation injuste, puisque le caractère de ces prêts est essentiellement temporaire et que les bailleurs de fonds ne peuvent se laisser conduire par les joueurs à une catastrophe. Personne au reste ne monopolise les reports. Le Crédit Lyonnais, qui emploie de la sorte des sommes importantes, tant sur les places étrangères qu'à Paris, ne fournit guère plus du sixième de l'ensemble des capitaux ainsi avancés. Au contraire, la solidarité légale des agents de change, récemment instituée, a cette conséquence indirecte que le client leur laisse une liberté absolue dans l'usage des capitaux, à eux confiés, pour être placés en reports.

Section V

Unies en effet, par leur responsabilité collective, les 70 charges des agents actuels offrent au public la garantie d'une banque riche d'au moins 150 millions de francs. Lorsque Louis XIII, par édit de 1638, eut porté à 30 le chiffre des « courretiers de change, banque et vente en gros des marchandises étrangères, » que son prédécesseur, avait, créé au nombre de huit, il leur enjoignit, en échange du monopole qu'il leur confirmait, de « faire bourse commune du quart des profits. » Cette disposition tutélaire, abrogée au bout de peu de temps à la demande de la compagnie, ne fut jamais rétablie en droit ; bien qu'en fait les agents modernes se fussent toujours portés fort les uns pour les autres. Lorsque le fonds de réserve ne suffisait pas à remédier aux défaillances de quelques-uns de ses membres, la corporation tout entière se substituait à eux et empruntait au besoin pour désintéresser leurs créanciers.

Cette réserve, qui s'élève *officiellement* à 7 millions, produit d'un versement de 100 000 francs par chacun des titulaires en exercice, monte *réellement* à plus de 30 millions, *paraît-il,* car elle n'est connue que de la Chambre syndicale. En outre, la valeur des offices, uniformément fixée à 1 600 000 francs et leur cautionnement de 250 000 francs, constituent pour les créanciers de la corbeille un gage imposant de 130 millions.

Chaque agent opère d'ailleurs à ses risques et périls ; ses chances de pertes sont illimitées et seul il y doit faire face. La confrérie n'intervient qu'en cas d'insolvabilité d'un de ses membres. Mais il est de gros sinistres qui touchent la moitié d'entre eux ou davantage ; chacun commence par se tirer d'affaire de son mieux.

Lors de la chute de Philippart, aventurier de finance, qui noyait un grain de génie dans une dose décuple de charlatanisme, 37 ou 40 agents de change étaient pris dans sa faillite. Il les réunit dans le somptueux salon de son hôtel et débuta en ces termes : « Messieurs, je ne puis pas vous payer... — cri indigné de l'auditoire, qui du reste s'y attendait, — mais j'ai fait préparer pour chacun de vous une liasse de titres variés, réglant exactement, au cours de la dernière liquidation, le compte de ce que je lui dois. » Or, depuis quinze jours, ces titres avaient baissé de 60, 80 ou 90 pour 100. D'aucuns ne valaient guère plus que le papier. Aussi personne n'en voulait-il, et l'assistance continuait à accabler d'invectives le banquier impassible qui tenait tête à l'orage. A la fin, — il était près de midi, — un agent se décide, sans mot dire, prend son paquet et court à la Bourse pour tâcher, en vendant le premier, de réaliser quelque chose. On s'aperçoit de son départ, et chacun peu à peu l'imite. Quand tous furent partis, Philippart se retourne vers ses secrétaires présents à la scène et leur dit : « Je n'aurais jamais cru que mon émission aurait si bien marché ! » Il avait, pour cette fois, reçu quittance ; ce qui ne l'empêcha pas de sombrer définitivement plus tard.

Quoiqu'ils ne s'occupent ni de marchandises, ni d'effets de commerce, comme leurs prédécesseurs de jadis, nos agents de change contemporains ont plus de besogne et plus de profit. La besogne, ils ne pourraient l'accomplir seuls ; l'agent du XVIIIe siècle assumait, lui, toutes les fonctions de la charge. Celui de 1830, époque où la corbeille déjà comptait 60 membres, était assisté d'un ou deux clercs. Depuis, ses bureaux se sont peuplés de fondés de pouvoirs, de commis et d'employés de toute sorte. Le parquet s'est fractionné en sept groupes. Au centre, dans le principal, les agents s'occupent *en personne* des opérations à terme. Il ne leur est permis de se faire remplacer ici que par un confrère. Ainsi M. Berteaux, bien que ministre de la Guerre, est censé crier lui-même « à haute et intelligible voix, » dit le règlement, les ventes et achats quotidiens que l'organe amical et gratuit d'autres agents lui rend le service d'exécuter chaque jour pour son compte.

Par une absence de réciprocité, qui semble tout à fait injuste, nous trouvons naturel que les généraux mettent à leur tête un agent de change, tandis que nous ne permettons pas au chef de l'armée de se faire remplacer à la Bourse par un général, fût-il commandant de corps. Cette anomalie doit tenir à ce que la loi *exige*, pour l'agent, la compétence et, pour le ministre, se borne *à la supposer*.

Dans les six corbeilles latérales, le « commis du comptant, » l' « assesseur aux rentes » et les autres teneurs de carnets, agréés par la chambre syndicale, traitent exclusivement, chacun au nom de son patron, telles ou telles sortes de valeurs. Les profits sont très diversement répartis : toute charge représente, y compris un fonds de roulement nécessaire de trois à cinq cent mille francs, un débours d'environ 2 400 000 francs. Pour la moitié ou les trois quarts de cette somme, beaucoup d'agents ont des commanditaires, avec qui ils passent des contrats variables ; quelques-uns possèdent seuls presque tout leur office.

Le titulaire, en plus d'un traitement fixe de 30 000 francs, reçoit toujours une part sur les bénéfices ; mais à prélever tantôt *avant*, tantôt *après*, la distribution de 5 pour 100 de dividende à ses associés. Les recettes brutes des 70 agents de change s'élèvent à 50 millions environ ; celles des 220 coulissiers atteignent une somme à peu près égale. Ce n'est donc pas sans raison que l'on entend dire : « A la Bourse, il n'y a que les intermédiaires qui gagnent, » quand ils savent ne pas sortir de leur rôle.

Mais, de ce que le public leur paye chaque année quelque cent millions de courtage, il ne s'ensuit pas que leur gain approche de ce chiffre. Sur les 50 millions encaissés par le parquet, les « remisiers » et les frais généraux en absorbent environ 35, et les 15 millions de profit net se divisent entre les offices de façon très inégale : 7 ou 8 gagnent 500 000 francs par an ; pareil nombre ont un rendement de 300 000 francs, une quinzaine réalisent 200000, une vingtaine 160 000 et les moins favorisés, qui forment près du tiers de l'effectif, 100 000 francs seulement. A ces derniers, le capital ainsi aventuré ne rapporte qu'un revenu de 5 pour 100.

Il s'est donc créé des privilèges parmi ces privilégiés et, au sein de ce monopole, des « monopoleurs, » doués à plus haute dose des qualités nécessaires de l'emploi : l'activité et la méfiance. Ceux-là ont su se tailler la part du lion dans une confrérie où, semble-t-il, les chances sont pareilles pour tous et où pourtant mêmes disparités existent que dans la corporation toute libre des coulissiers. Si l'on eût, aboli le caractère officiel et l'exclusivisme d'attributions de la corbeille, ce n'eussent pas été ces princes du parquet qui en auraient souffert. Loin de là ; réunis à deux ou trois en de puissants trusts où leurs noms connus auraient attiré les capitaux en quête de reports et les clients à reporter, sept ou huit d'entre eux se seraient rendus insensiblement maîtres des négociations et des courtages et le public aurait peut-être souffert d'un monopole réel, sous un régime théoriquement libéral ; tandis que notre monopole théorique d'aujourd'hui ne gêne réellement en France que les 300 personnes désireuses d'exercer la profession d'agent de change.

Il n'existe pas de ville où les courtages soient meilleur marché qu'à Paris. En Angleterre comme en Amérique, pays où l'on est censé pratiquer le régime de la liberté en ces matières, des associations se sont constituées, si fermées que pas un représentant des plus grandes maisons françaises ne peut avoir accès au Stock-Exchange de Londres et les brokers, ou courtiers, du Royaume-Uni font payer leurs services trois et quatre fois plus cher que nos agents français. Leurs commissions ne descendent jamais au-dessous d'un certain minimum et arrivent ainsi pour des titres de très petit prix — pour certaines mines par exemple — à dix et *douze pour cent* du montant des valeurs négociées Le « monopole » nous garantit de ces exigences abusives d'intérêts privés, unis sous le couvert de la liberté, et le taux minime des courtages, réduits, en 1898, à 10 centimes pour mille francs, — il est, à New-York, de 0,25 centimes — est chez nous la rançon du privilège des courtiers. Nous y trouvons un autre avantage : aux heures difficiles, des agents solidaires s'inspirent confiance les uns aux autres ; tandis que, sur des centaines de coulissiers, un petit nombre seulement continue d'opérer et d'accepter les contre-parties de leurs confrères. En temps de crise, le marché libre se disloque et la plupart des carnets s'y ferment.

A côté de la Bourse légale existe en effet une bourse libre, aussi ancienne sans doute que le parquet. Dès 1810, les agents demandaient vainement au Conseil d'État la suppression de cette « coulisse ; » en 1825, lorsque la mort de l'empereur Alexandre Ier fit baisser le 3 pour 100 de 62 fr. 40 à 60 francs, ils renouvelèrent sans résultat leurs protestations, et le ministre Villèle fut accusé par les journaux de l'opposition d'avoir spéculé au café Tortoni, « qui est une bourse en permanence. » La coulisse se réunissait en effet, non seulement de midi à trois heures à la Bourse, mais le soir, de neuf heures moins un quart à dix heures, sur le trottoir, devant le passage de l'Opéra ; plus tard, dans le hall du Crédit Lyonnais, enfin à l'Eden-Théâtre et à la galerie Montpensier. Cette « petite bourse » est aujourd'hui supprimée ; mais sans doute de graves événements la rétabliraient bien vite.

En 1859, les agents s'adressèrent aux tribunaux et parurent décidés à en finir avec la concurrence de la coulisse. Berryer la défendit dans un procès retentissant, qui se termina par la condamnation de vingt-cinq prévenus à une amende de 10 500 francs chacun. Néanmoins les « courtiers-marrons » reparurent, après une courte éclipse et, malgré de nouveaux arrêts confirmant la jurisprudence de la Cour suprême en ces matières, ils ont persisté.

Ils avaient donc leur raison d'être : avec le développement des affaires et le caractère international qu'elles prennent davantage chaque jour, ces gens naguère très dangereux, qui cumulent les professions de banquiers, d'émetteurs, d'arbitragistes et de banquiers, étaient devenus indispensables. Élément actif, audacieux, ne ménageant pas leur peine, ils supplantaient les agents qui, se voyant lésés, firent une nouvelle campagne. Un règlement de 1898, aujourd'hui en vigueur, fit à chacun sa part. Nombre de coulissiers refusèrent tout d'abord d'accepter la leur ; ils émigrèrent à Bruxelles, d'où ils sont peu à peu revenus, faute de trouver en Belgique la faveur et le crédit sur lesquels ils comptaient. A Paris, l'association des courtiers libres s'est refondue et constituée en trois syndicats distincts, dont l'effectif n'a rien de fixe, mais où l'admission des valeurs cotées et celle des intermédiaires qui les négocient est soumise à des statuts protecteurs.

L'apparition des mines d'or avait révélé chez certains financiers anglo-allemands l'usage de procédés absolument neufs. Après la centralisation des mines de diamant par une société puissante dont Cecil Rhodes fut l'inspirateur ; après le lancement, en 1889, de la Robinson Gold, qui valut à ses promoteurs, en récompense de chaque débours initial de 16 000 francs, un million et demi de bénéfices, de nouveaux spéculateurs imaginèrent de morceler les territoires aurifères, ou supposés tels, du Transvaal en damiers — en « claims » — suivant évaluation du rendement probable. Non contents de s'attribuer, en paiement de leur apport, la moitié environ du capital, ils se procuraient un deuxième bénéfice en émettant les actions au double ou au triple de leur valeur nominale. Deux employés de banque, Allemands d'origine, amenés par leur patron dans l'Afrique du Sud, où ils s'établirent pour leur compte, ont ainsi réalisé une fortune d'un milliard de francs chacun. Seulement l'impudence un peu forte de ces introductions, trop réussies, fit du tort, une fois connue, aux intermédiaires qui s'en étaient chargés. Il fut décidé qu'à l'avenir, on soumettrait les « affaires d'or, » qui ne méritaient ce nom qu'au regard de leurs créateurs, à une police non correctionnelle mais préventive, lorsqu'elles se présenteraient à la colonnade de la Bourse.

Cent vingt « coulissiers du comptant » négocient à l'heure actuelle, sous le péristyle, les titres non admis à la cote officielle. L'exercice de leur profession exige un capital assez sérieux, et leurs opérations comportent moins de risques que celles des coulissiers à terme. Ceux-ci se divisent en deux catégories : « inscrits » ou « non inscrits. » Les premiers forment un syndicat de 94 membres, appelés « coulissiers à la feuille, » parce qu'avant chaque liquidation, ils versent à la caisse sociale une provision en espèces, à titre de paiement anticipé de leurs différences éventuelles. La couverture que ces derniers se donnent ainsi réciproquement est de 100 000 francs, pour ceux qui négocient l'ensemble des valeurs non cotées, et de 25 000 francs pour ceux qui ne traitent que la rente française.

A ces derniers, — une quarantaine environ, — la possession d'un fonds de roulement assez faible suffit pour s'établir. Le peu de surface qu'ils offrent ne nuit pas à la nature limitée de leurs affaires. Leurs clients, spéculateurs au jour le jour, ne travaillent presque exclusivement que sur des « différences » à encaisser ou à payer. Ils ne livrent ni ne lèvent aucun titre en liquidation. Tels sont par exemple les « échelliers, » ainsi nommés parce qu'ils montent en quelque sorte les degrés de la cote : ils achètent de la rente « ferme » et en revendent le double « à prime, » à un cours quelque peu supérieur. En cas de hausse, ils achètent à nouveau du ferme et revendent de nouvelles primes, à un échelon plus élevé. Opération mécanique et très agréable si les cours, dans leurs oscillations, ne venaient brusquement la troubler et n'infligeaient en un jour, aux laborieux échelliers, une perte supérieure à leurs bénéfices de plusieurs mois. Quelle que soit l'ampleur de la coulisse des rentes, le marché officiel conserve toujours un contrôle sur elle. C'est par l'intermédiaire des agents de change que se liquident, en fin de mois, les positions, et que se font tous les transferts. De plus, les cours du terme ne peuvent guère s'écarter beaucoup de ceux du comptant qui leur servent de régulateurs et dont le parquet a le monopole.

Le marché libre, dans sa cote particulière, ne mentionne pas de « premier cours, » mais seulement un « plus haut » et un « plus bas, » entre lesquels certains coulissiers manœuvrent subtilement pour se ménager, dans l'exécution des ordres, un supplément de profit appelé « grattage. » S'ils portent ainsi les achats un peu plus cher et les ventes un peu meilleur marché qu'ils ne les effectuent réellement c'est, disent-ils, qu'ils ont une clientèle assez sujette à caution avec laquelle, pour se couvrir, il faut gagner davantage. Toujours est-il que ces bonis n'ont rien de secret, mais, au contraire, sont nettement spécifiés dans maintes cessions de maisons de coulisse que l'on déclare à l'acquéreur rapporter : tant en « courtage » et tant en « grattage. »

En période normale, le coulissier « inscrit à la feuille » offre au public toute garantie de solvabilité. Il n'en est pas de même des « non inscrits, » parmi lesquels se confond la tourbe des intermédiaires suspects. Ces « pieds humides, » suivant le sobriquet qui les désigne, parce qu'ils gravitent en plein air, à l'intérieur des grilles, exposés à l'inclémence des saisons, sont au commerce des valeurs ce que le marché du Temple, depuis peu disparu, était au commerce des habits. Seulement, dans ce coin pittoresque, dit des « chapeaux gras, » le titre qui fait l'objet du trafic est superbe. C'est un papier de fil, de pâte riche, de fabrication très soignée, sur lequel sont tirées en gravure des « obligations, » des « actions » pleines de promesses, qui n'ont rapporté d'argent qu'à l'imprimeur.

Le cours de chacune varie de 0 fr. 10 à 5 francs. Tel en achète 3 francs la douzaine et parvient, au bout de six mois, à les revendre 1 fr. 50 la pièce ; il a su faire courir le bruit que « les administrateurs allaient être forcés de verser une indemnité, » ou que « l'on avait repris l'étude du terrain » et « recommencé les sondages.» ; Parmi ces débris d'affaires chimériques et de sociétés en faillite, il se trouve de tout : des casinos et des ardoisières, des ciments et des accumulateurs, des banques et des eaux gazeuses, des mines, beaucoup de mines et des « jouissances » de chemins de fer lointains, qui ont dit un irrévocable adieu au dividende et à l'amortissement.

Cette « petite spéculation, » comme elle s'intitule, rejetée sur le trottoir de la Bourse, intéresse plutôt le philosophe que l'économiste. C'est un jeu de pauvres, sans influence sur la fortune publique et qui peut être innocent. Ce qui toujours est coupable, bien que rarement poursuivi, et ce qui pourrait intéresser le procureur de la République beaucoup plus que l'économiste ou le philosophe, ce sont les *naufrageurs* de la finance. Les indigènes de certaines côtes inhospitalières attiraient autrefois, la nuit, par de faux signaux sur les rochers les bateaux en détresse, pour les faire sombrer et piller leurs épaves. Ces sauvages ont des successeurs très civilisés. Ils s'embusquent à la quatrième page des journaux, ou s'établissent en des officines louches, aux environs des rues Vivienne, Montmartre et de Richelieu ; comme se groupaient jadis, autour des sanctuaires de pèlerinage, les marchands de fausses reliques et de « pardons » avariés.

Sous couleur de « Comptoir, » de « Crédit, » de « Banque » de ceci ou de cela, ils installent tranquillement une caverne de voleurs dans le quartier achalandé, à l'abri du fisc qui leur délivre patente et du sergent de ville qui protège la devanture. Ils font en apparence toutes opérations de bourse, en réalité ce ne sont que parodies ; elles se transforment ici en escroqueries pures. Pour écouler dans les départements leurs titres fantaisistes, — charbonnages des Hautes-Pyrénées, plombs argentifères des Carpathes ou fers magnétiques de Styrie, — ils ont des commis voyageurs ; des officiers ministériels, titulaires de charges qui ne nourrissent pas leur homme, deviennent leurs placiers moyennant de bons salaires. Ces écumeurs d'or peuvent extraire ainsi une dizaine de millions par an à la petite épargne, et ce n'est qu'un des moindres domaines ouverts à leur activité.

Le principal, celui où les Mary-Reynaud, les Boulaine, les Berné-Maceau moissonnent les plus amples recettes, c'est le jeu de Bourse. Afin de racoler des dupes, ces *bucket-shops*, ainsi qu'on les appelle à Londres et à New-York, ont toutes un journal. Ce journal, dont l'abonnement coûte un ou deux francs, ne pourrait vivre ni de son humble chantage, qui opère par quittances de 10 francs présentées à domicile aux grands logis financiers, ni du produit de sa vente au numéro, puisqu'il se distribue gratis : ce journal appâte simplement les gogos. Aux uns, il promet 12 pour 100 d'intérêt de leur argent sans risque ; aux autres 40 à 50 pour 100 au moyen d'« opération sur la tendance ; » à ceux-ci, le triplement en un mois d'une mise de 500francs ; à ceux-là, cent mille francs de bénéfices à réaliser avec mille francs, par achats de primes.

Le boniment est si grossier qu'il faut, semble-t-il, une sottise presque invraisemblable, il faut la naïveté d'un enfant pour s'y laisser prendre. Néanmoins, lors des débâcles périodiques qui amènent les tenanciers de ces maisons-là devant la justice, on est surpris de voir, sur la liste de leurs créanciers, des gens appartenant à toutes les classes de la société. Il est vrai que pour exciter, et aveugler en même temps, la cupidité de leurs victimes futures, ces adroits tireurs de bourse commencent par donner, sur les « parts d'essai, » des bénéfices inouïs aux débutants, qui s'empressent alors de décupler leur mise.

Les plus délicates de ces pseudo-banques sont des maisons de « contre-partie, » qui n'exécutent pas les ordres de leurs clients et se trouvent ainsi jouer contre eux. Armés contre le code, ils ont divers moyens de faire annuler, le cas échéant, comme illégaux, les marchés qu'ils ont eux-mêmes sollicités ; ils tiennent bon tant qu'ils gagnent, plongent après un krack, et renaissent sous une incarnation nouvelle. Quelques journaux hardis font la guerre à ces espèces sans aucune chance de les bannir. Ils clouent journellement les noms, anciens et actuels de ces individus et leurs raisons sociales dans une colonne spéciale, sous cette rubrique : « Gare aux poches ! »

Ils impriment : « Prenez garde à un tel, fréquemment condamné par les tribunaux, » à un tel « plusieurs fois poursuivi, notoirement véreux ; » à un tel « qui sort de Mazas, et qui opère en telle rue, à tel numéro. »

Mais un tel et un tel n'ont garde de se plaindre ni de protester. Ce sont des garçons tranquilles, ennemis du scandale, qui continuent leur besogne sans bruit. Ils ne disparaîtront, si jamais ils disparaissent, que faute d'aliment à leur industrie, lorsqu'ils ne trouveront plus assez de proies pour les faire vivre ; comme les voleurs de grand chemin ont disparu avec les diligences.

ISBN : 978-1979678629

www.ingramcontent.com/pod-product-compliance
Lightning Source LLC
Chambersburg PA
CBHW050250230526
45470CB00005B/2198